Eugen Roth

Die Frau in der Weltgeschichte

Ein heiteres Buch
mit 60 Bildern von
Ernst Penzoldt

Carl Hanser Verlag

Mit einem Nachwort von Ulla Penzoldt
und Thomas Roth

3. Auflage 2019

ISBN 978-3-446-24110-7

© 1956, 2006, 2012 Carl Hanser Verlag GmbH & Co. KG, München
Lithos: Karl Dörfel, München
Satz: Fotosatz Amann, Memmingen
Druck und Bindung: Friedrich Pustet, Regensburg
Printed in Germany

MIX
Papier aus verantwor-
tungsvollen Quellen
FSC® C014889

ZUM GELEIT

Ein Mensch, auf sturen Ernst erpicht,
Liest dieses Buch am besten *nicht.*
Die gute Absicht, zu erheitern,
Die brächte der gewiß zum Scheitern.
Dies Buch kennt keinerlei Verpflichtung
Zur Weltgeschichte oder Dichtung:
Es ist ein Scherz, der seinerzeit
Bei lustiger Gelegenheit
Als Lichtbildvortrag manchen freute,
Und will auch gar nicht mehr sein heute
Als ein bescheidener Versuch –
Es schaut bloß aus, als wär's ein Buch.

Wenn heutzutage unsereiner
Als Zeitgenosse nur, als kleiner,
An seiner Frau muß zu sehr leiden,
Dann läßt er sich, wenn's hoch kommt, scheiden;
Dann wird es vielleicht landgerichtlich,
Doch keines Falles weltgeschichtlich.
Kein Krieg wird's, wenn wir keine kriegen,
Wir müssen nur uns selbst besiegen.

Jedoch wenn Könige und Fürsten
Nach unrechtmäßigen Weibern dürsten
Beziehungsweise darauf dringen,
Rechtmäßige wieder anzubringen,
Dann füllen sie mit Glanz und Glorie
Die dicken Bände der Historie.
Ob schuldig, ob nur Opferlamm:
Um Frauen geht's: Cherchez la femme!
Wie dies von Fall zu Fall gewesen,
Kann jeder in dem Buche lesen
Falls er dazu hätt wirklich Lust. –
Ich hätte noch viel mehr gewußt:
Doch kann in Worten und in Bildern
Unmöglich ich das alles schildern.
Semiramis war weltberühmt,
Durch Hängegärten, reich beblümt,
Soll mit Zenobia ich beginnen?
Ja gar mit Chinas Kaiserinnen?
Roswitha auch von Gandersheim
Verdiente sicher manchen Reim. –
Doch paßt nicht in dies Buch des Spottes
Die hehrste Frau, die Muttergottes.
Geht's uns auch wider die Natur,
Daß leibhaft sie gen Himmel fuhr.
Die Welt ist weibervoll zum Bersten –

Bis hin zu Ludewig dem Ersten,
Dem Lola Montez man mißgönnte
Ich ganze Seiten schreiben könnte.
Doch fühle ich mich nicht verpflichtet,
Euch reiche das, was ich gedichtet.

DIE BIBEL

Wenn wer was von Geschichte hört,
Fühlt er sich innerlich gestört,
Denn er denkt gleich an all die Qualen
Mühsam erlernter Jahreszahlen
Und an den längst verstaubten Jammer
Der welthistorischen Rumpelkammer.
Jedoch hier dreht sich's um die Frau –
Da nimmt man's besser nicht genau.
Auf Zahlen kann man da verzichten,
Die Frau macht schließlich nur Geschichten –
Geschichte machen dann die Männer –
Doch weiß ja längst der wahre Kenner:
Triebkraft der Taten, die auf Erden
Dann männlich und historisch werden,
Ist das Hysterisch-Unbeschreibliche,
Das jeder kennt: das Ewig-Weibliche!

Was ich schon damit leicht bewiese,
Daß heute noch im Paradiese
Der erste Mann, der *Adam*, säße
Und nur erlaubtes Fallobst äße,

Den Apfel ließe unberührt –
Hätt nicht die *Eva* ihn verführt.

Die erste Eh'-Beratungsstelle
War leider schon ein Werk der Hölle.
Zur *Eva* nämlich sprach die Schlange:
»Weib, ich begreife nicht, wie lange
Läufst du hier splitternackt herum?
Ziehst dich nicht an, ziehst dich nicht um?«

Des Satans sicherste Methode
Bleibt: zu verführen durch die Mode,
Weil Mann *und* Weib des Teufels wird:
Sie frech und eitel, *er* ruiniert.

Als Eva so der Nacktheit satt,
Bekam sie erst ein *Feigenblatt*,
Das sie, weil damals Grün modern,
So für den Anfang trug ganz gern.

Jahraus, jahrein, bei jedem Wetter –
Und immer nichts als Feigenblätter:
Hier sehen wir die tiefern Gründe
Für jene unglückselige Sünde,
Die jenes erste Weib verderbt
Und die sich wachsend fortgeerbt,
So daß wir, neben andern Leiden,
Genötigt sind, die Fraun zu kleiden.

Als damals Gott gab den Befehl
Dem Erzhausmeister Gabriel,
Die beiden, die sich schlecht betragen,
Gleich aus dem Paradies zu jagen,
Da zeigte Eva wenig Reue,
So sehr war sie erpicht aufs Neue.
Sie hat geweint nur und geschrien:
»Ich habe ja nichts anzuziehn!«
Bis Gott in seiner Güte schnell
Ein Röckchen ihr gemacht aus Fell.

Aus jener Zeit ist uns verbucht
Schon Evas große Eifersucht,
Mit der sie ihren Mann gequält
Und ihm die Rippen nachgezählt,
Ob er vielleicht aus seiner Seite
Nicht sich gezogen eine Zweite.

Das allererste Menschenpaar –
Noch ohne Schwiegermütter zwar –
War arg geplagt von Nöten schon:

Der Kain war ein mißratner Sohn –
Ein jeder weiß das mit dem Abel –
Die Landwirtschaft ging miserabel,

Die Schneiderinnen warn nicht schick,
Die Eva wurde alt und dick.

Der Adam hänselte sie drum,
Weil sie aus seiner Rippe krumm
Gebastelt war, zwar sehr schnell fertig,
Doch dafür auch recht minderwertig.
Sie freilich, in dem Punkt nicht faul,
Ließ auch spazierengehn ihr Maul:
»Beweis doch, daß dich Gott geschaffen,
Am Ende stammst du doch vom Affen!
Die Wissenschaft bringt's schon noch raus –
Dann ist's mit deinem Dünkel aus!«

Trotzdem: wir nehmen gerne an,
Daß sie sich herzlich zugetan,
Bis dann die beiden Ehegatten
Fünfhundertjährige Hochzeit hatten,
Die alten Erb- und Ehrensünder
Im Kreis der Ur-ur-Enkelkinder –
Ein reizendes Familienfest,
Wie sich's nicht schöner denken läßt.

Verfolgen wir die Bibel weiter,
So stimmt es uns durchaus nicht heiter,

Zu sehn, was unsre Erz-Urväter
Doch warn für schlimme Missetäter.
Grad was die Sittlichkeit betrifft,
Liest man in unsrer Heiligen Schrift
So viele höchst verruchte Sünden,
Daß, wenn sie nicht just dorten stünden,
Das Buch käm schleunig untern Schutz
Des Zensors gegen Schund und Schmutz.

Das Leben jener Patriarchen,
Zum Beispiel *Noahs in der Archen*,
War, auf das Weibliche bezüglich,
Ganz ohne Zweifel recht vergnüglich;
In einem Schiff, je zwei und zwei –
War sicher eine Viecherei.

Bemerkenswert ist auch zu lesen,
Was mit den Fraun sonst losgewesen:
Wie noch ein Kind gekriegt die Sara,
Schon alt und dürr wie die Sahara;
Rebekka, listig ohnegleichen,
Den Jakob lehrte, erbzuschleichen,
Daß Isaak segnete, schon blind,
An Esaus statt das Mutterkind;
Wie dann, bei Sodoms Feuerwalzen
Frau Lot die Neugier ward versalzen.
Ging's heut den Fraun noch wie der Lot,
Sie wären schon fast alle tot!

Der Jude hat auch ungeniert
Die eignen Leute ausgeschmiert;
Dem Jakob in der Hochzeitsnacht
Hat Laban Lea hingebracht,
Indem er dachte, meine Rachel
Ist viel zu gut für diesen Klachel.
Und Jakob, in der Nacht, der tiefen,
Sah nicht, wie ihre Augen triefen.
Der Hochzeitsmorgen war ein trüber:
Da gingen *ihm* die Augen über.

Hier sei erwähnt auch, wie blamabel
Es ausging mit dem Turm zu Babel!
Die Sache mit der Sprachverwirrung
Ist zweifelsohne eine Irrung
Der späteren Historienschreiber:
Es waren bloß die *Mörtelweiber*,
Die schrien und schimpften durcheinand,
Bis keiner mehr sein Wort verstand.

Als Israel noch in Ägypten,
Manch Unrecht auch die Fraun verübten.
Zwar, noch zur Zeit der Nofretete,
War man dort ziemlich etepetete,
Doch schon das Weib des Potiphar
Benahm sich ziemlich schauderbar.
Der *keusche Josef* war nicht dumm,
Der wußte sicher schon, warum
In seiner doppelten Bedrängnis
Er sich entschied für das Gefängnis.

Hingegen hat der *kleine Moses*
Erfreut sich eines günstigern Loses,
Weil er, grad als die Lage kritisch
Und alle Welt antisemitisch,
In einem Binsenkorb gebettet
Von Pharaos Tochter ward gerettet.
Wohltun, so meint man, bringe Zinsen –
Doch diesmal ging es in die Binsen.
Denn Moses tat den Pharaonen
Ihr Rettungswerk mit Undank lohnen.
Sie hätten – um es kurz zu fassen –
Das Knäblein besser schwimmen lassen.

Moses erwähn ich nicht deshalb
Nicht in bezug aufs goldne Kalb,
Wo er mit wütendem Protest
Verbot das erste Künstlerfest.

Nein, ich erwähn ihn in behuf
Der Zehn Gebote, die er schuf,
Davon uns zweifellos das *sechste*
In dem Zusammenhang das nächste,
Weil's für die Frau in der Geschichte
Von ganz bedeutendem Gewichte.
Es heißt: »Du sollst nicht ehebrechen!«

Doch auch die tausend andern Schwächen,
Die vom Begriffe weiblich-männlich
Seit Adams Zeiten unzertrennlich,
Sind damit ein für allemal
Jetzt angekränkelt von Moral.

Gleich sehn wir das Exempel da
Bei *David* und der *Bathseba*.
Er stand auf seines Daches Zinnen
Und schaute mit vergnügten Sinnen,
Doch gänzlich harmlos, in die Gegend –
Bis plötzlich, sündhaft ihn erregend,
Ein nacktes Weib herüberschimmert
Und sich sein Zustand so verschlimmert,
Daß er mit seinem späten Feuer
Sich stürzt in wüste Abenteuer.

Er schrieb dann jenen Uriasbrief,
Doch später reute es ihn tief,
Als sie, gedacht als Zeitvertreib,
Jahrzehnte blieb sein Eheweib.

Bei Davids Sohn, dem *Salomo*,
War die Gefahr ja nicht mehr so,

Daß er aus Liebe sich vergaß,
Weil tausend Weiber er besaß.

Bekanntlich schrieb im höhern Alter
Er seine Sprüche dann und Psalter
Und sang zerknirscht zu seiner Zither
Sein Klagelied: »Das Weib ist bitter!«
Klar ist ja, daß ein Mann zum Schluß
Ganz einfach weise werden muß,
Wenn er, von so viel Fraun beglückt,
Nicht vorher schon ward ganz verrückt.

Als noch – das sei hier eingeflochten –
Araber sich und Juden mochten,
Längst vor dem heutigen Nah-Ost-Fluch,
Kam Königin Saba zu Besuch.

Wir sehen oft, daß nur die Jugend
Der wahre Prüfstein echter Tugend.
Wär auch bei einem jungen Manne
So keusch geblieben die Susanne?
Bei so zwei Alten, wüst und schmierig,
War Keuschheit ja nicht allzu schwierig.

Was nützt dem Mann die schönste Kraft,
Wenn er nicht zugleich tugendhaft?
Als Feldherr und als Kriegsminister
Im Kampfe gegen die Philister
Wär *Simson* heute noch am Ruder,
Hätt er *Delilan* nicht, dem Luder,
Mit einem Leichtsinn, daß uns schaudert,
Sein Staatsgeheimnis ausgeplaudert.
Ein Mann, bis über beide Ohren
Verliebt, bleibt nie ganz ungeschoren,
Doch bei barbarischen Barbieren
Wie hier, muß er den Kopf verlieren.

Wir sehn ein Stück des gleichen Kernes
Auch im Bericht vom Holofernes:
Als er an *Judith* jene Bitte
Gestellt, die wider alle Sitte,
Schlug ihm das schöne Frauenzimmer
Zwar die nicht ab, doch, was viel schlimmer,
Noch in der gleichen Nacht das Haupt,
Das hätt er nie von ihr geglaubt.

Natürlich kennt ein Bibelfester
Auch die Geschichten von der Esther
Und von dem Judenfresser Hamann,
Dem ersterwiesenen SA-Mann,
Der freilich selber ward gehenkt –
Oft kommt es anders, als man denkt.

Aus diesen Proben man erkennt
Das Weib im *Alten Testament*.
Zum Glücke kann uns mehr erfreuen,
Was uns berichtet wird im *Neuen*.

Zwar war die kleine *Salome*
Ein Luder auch vom Kopf zur Zeh.
Johannes ward ein Mann des Todes,
Weil um den Lustgreis, den Herodes,
So lange sie herumscharwenzelt,
Bis sie sich ihren Wunsch ertänzelt.
Bei einer Tänzerin gebt acht,
Weil leicht sie Männer kopflos macht!
Hingegen lobenswert ist jene
Bekannte *Marie Magdalene*.

Wie liegt doch so ein süßer Sinn
In einer schönen Büßerin!

Und wir betrachten sie mit Muße
Vom Busen bis hinab zur Buße.

Johannes, reich schon an Bejahrung,
Beschreibt uns in der Offenbarung
In feurigem Prophetenton
Das Hurenweib von Babylon.
Bei allem Abscheu spürt man's noch:
Gefallen hätt es ihm halt doch!
Auch wir verbergen das Gelüsten
Oft hinter sittlichem Entrüsten!

Sankt Paul schrieb einen ganzen Winter
Den längsten Brief an die Korinther,
Um unter anderm zu verkünden,
Daß zur Vermeidung ärgerer Sünden
Es neben sonstigem Angenehmen
Doch klüger sei, ein Weib zu nehmen.
Nur, wer nichts übrig hätt für Liebe,
Tät besser, wenn er ledig bliebe.
Auch rät schon Paulus zur Vermeidung
Der, scheint's, schon damals häufigen
    Scheidung.
Zuletzt legt er dem Weibe nah
Das »taceat in ecclesia!«

Auf Deutsch: Wo Männer würdig walten
Da soll das Weib die Klappe halten!

Der Brief fand sicher viele Leser,
Desgleichen der an die Epheser,
Worin er noch den Unsinn glaubt,
Es sei der Mann des Weibes Haupt.
Drum schrieb er, voller Größenwahn:
»Weib, sei dem Manne untertan!«
Und mit der gleichen Mahnung schloß er
Auch seinen Brief an die Kolosser.

Schon damals stand, nebst manchem
    Schiefen,
Viel Richtiges in den Hirtenbriefen.

DIE ANTIKE

Man sieht an all den Marmortrümmern,
Wie reich an schönen Frauenzimmern
Gewesen sein muß die Antike:
Sei's nun Athene oder Nike,
Sei's, was man mit Erstaunen sieht,
Ein reizender Hermaphrodit.
Oft fehlt der Kopf zwar den Gestalten –
Worauf es ankommt, blieb erhalten.

Es bleibe nun dahingestellt,
Ob damals, in der alten Welt,
Vor nahezu dreitausend Jahren,
Die Weiber wirklich schöner waren
Sowohl persönlich wie auch rassisch,
Mit einem Worte: einfach klassisch –
Ob nicht vielmehr die armen Griechen
Beim Anblick der lebendigen Schiechen
Sich flüchteten in ihrer Qual
Ins steingewordene Ideal –
Wir Armen jedenfalles sehnen
Uns nach dem Glücke der Hellenen.

Eh Aristophanes, der Spötter,
Herunterriß die lieben Götter,
Gab's auch in Hellas weit und breit
Die schöne, gute alte Zeit.

Nun, man erzählt wohl nicht viel Neus,
Berichtet man vom Vater *Zeus*,
Wie der die Hera hat betrogen
Und wie er überall rumgezogen.

41

Für einen Gott war's keine Kunst,
Zu kommen in der Weiber Gunst.
In *ausgewählter Garderobe*
Stellt' er die Tugend auf die Probe:
Die Danae war flugs ihm hold,
Als in den Schoß er fiel als Gold.
Was heutzutag im Korb der Hahn,
Wär er bei Leda leicht als Schwan.
Zur Io kam er erst in Wolken,
Dann hat er sie als Kuh gemolken.

Doch Hera hat bei Tag und Nacht
Mit *Argusaugen* ihn bewacht,
Und wenn dann nichts mehr half sein
    Blitzen,
Ließ er die Kühe schnöde sitzen
Und irgendwo verlassen kalben
Mit ganzen Göttern oder halben.

Wer glaubt wohl, daß *Europa* gar
Ursprünglich eine Jungfrau war?
Es gab der Viechskerl Zeus sich hier
Tatsächlich als ein echter Stier,
Entführte sie auf seinem Rücken,
Um sich dann später feig zu drücken,
So daß dies gottverlassene Land
Europa seitdem wird genannt.

Nicht Zeus allein hat damals freilich
Benommen sich so unverzeihlich;
Die Götter, Göttinnen, Heroen –
Wie haben all die Sinnenfrohen
Der Liebe ohne Maß gehuldigt
Und mit dem Mythos sich entschuldigt!

Ob mythisch, ob nur sodo-mythisch,
Wir nehmen dies nicht weiter kritisch
Bei einem solchen Hochbetriebe
Zielloser Durcheinander-Liebe.
Der Vater – höchster Götteradel,
Die Mutter – nur ein Waschermadel,
Ein Heer von Satyrn, Nixen, Hexen,
Bis dann mit Ödipuskomplexen,
Familiengreueln, Mord, Inzest
Zu Ende ging das schöne Fest.

Doch sollen *wir* heut prüde schimpfen
Auf die Dryaden oder Nymphen?
Uns ärgern, daß schon die Najaden
Erfunden das Familienbaden?

An der *Zentauren* wilde Ritte
Das Maß anlegen unsrer Sitte?
Doch, beispielsweise, die Sirenen
Sind zu vergleichen nicht mit denen,
Die uns, statt daß sie uns umgarnten,
Im Kriege vor den Fliegern warnten.

Wenn Götter nicht mehr lieben dürfen
Vergnügt und frei von Selbstvorwürfen,

Was soll dann, fern von Aphrodite,
Erlaubt sein *uns* auf dem Gebiete?
Gerade *Aphrodite* war es,
Die schamlos mit dem feschen *Ares* –
Der freilich herrlich, Glied um Glied –
Dem eignen Mann, dem garstigen Schmied,
Versuchte Hörner aufzusetzen:
Der aber fing in starken Netzen
Das lästerlich verbuhlte Paar,
Und splitternackend, wie es war,
Gab er's, der eignen Ehr Verächter,
Preis dem homerischen Gelächter.

In Liebesdingen mehr als toll
Trieb es natürlich der *Apoll*,
Der unterm Vorwand der Verpflichtung
Für Schauspielkunst, Gesang und Dichtung
Sich an neun Musen durft begeistern –
Noch heut ein Vorbild allen »Meistern«.

Der Schwester, Artemis, hingegen
War an den Männern nichts gelegen.
Sie badete im Mondenscheine
Mit ihren Frauen ganz alleine.
Aktäon, der, was er nicht sollte,
Mal auch was Nettes sehen wollte,
Schlich eines Nachts heran recht nah,
War ganz verwirrt, was er da sah
An Busen, Beinen, Hinterteilen,
Und er versäumte, zu enteilen.

Die Göttin dreht' sich barsch herum:
»Was kraucht denn dort im Busch herum?«
Und schon ward für sein frevles Pirschen
Verwandelt er in einen Hirschen.
So was pflegt heut nur zu geschehen
Den Männern, wenn sie *nichts* gesehen.

Noch weniger ist mit Fraun zu spaßen,
Wenn sie ergreift der Wahn der Massen
Durch einen Scharlatan, dem's glückt,
Sie wild zu machen und verrückt.
So einer war Dionysos,
Der sie, Naturheilkundiger bloß,
Mit Traubenkuren und mit drastischen
Erotopsycho-heilgymnastischen,
Höchst überspannten Stab-Freiübungen
Gebracht bis zu Bewußtseinstrübungen.

Mänaden, die vor Wollust beißen,
Am liebsten gleich den Mann zerreißen,
Scheint es in unserm nüchternen Leben
Nur äußerst selten mehr zu geben,
Obwohl sie uns viel lieber wären
Als beispielsweise die *Megären*,
Nach denen niemand trägt Verlangen,
Weil sie, den Kopf voll giftiger Schlangen,
Selbst für den Fall, daß sie uns küßten,
Uns unsympathisch bleiben müßten.

Medusen sind auch heut nicht selten
In jenen Halb- und Zwischenwelten:
Gesichter, herrlich anzuschauen,
Doch kalt und herzlos, daß vor Grauen
Das Blut beim Anblick uns erstarrt.
Weh dem, der sich in sie vernarrt!

Viel lieber lauschen wir dem Märchen
Von jenen reizenden *Hetärchen*,
Die, in der Liebe höchst erfahren,
Den Griechen wahre Engel waren –
Nicht mit den Mädchen zu vergleichen,
Die nachts bei uns durch Straßen streichen,
Die »Süßer Bubi« zu uns sagen
Und sich dann recht gemein betragen –;
Nein, jenen, die die alten Weisen
In Worten höchsten Lobes preisen
Und die in jeder Hinsicht prima,
Wie Phryne, Lais, Diotima.
Sie waren reizend, klug und willig –
Doch höchstwahrscheinlich auch nicht billig.

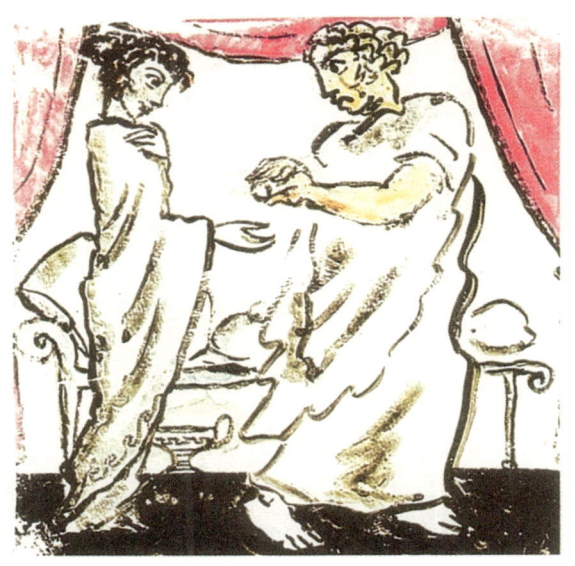

59

Weit mächtiger als mancher Heros
War ehedem der kleine Eros,
Er, der einst Welten hat zertrümmert,
Heut psychopathisch, stark verkümmert,
Muß in Romanen und Broschüren
Ein akademisch Leben führen.
Als *Amor* in der Volksausgabe
Ist er noch heut ein wackrer Knabe,
Obgleich er auch seit seiner Kindheit
Viel eingebüßt von seiner Blindheit
Und mit dem alten Pfeil-Betrieb
Rein technisch schon im Rückstand blieb.

In der Antike auch beginnen
Die ersten Frauenrechtlerinnen.
Es schwuren, keinen Mann zu schonen,
Die kriegerischen *Amazonen*.

Eins leuchtet uns dabei nicht ein:
Sie sollen hübsch gewesen sein –
Hat doch das weibliche Geschlecht
Sofern es hübsch ist, *immer* recht!

Von allem, was aus Adams Rippe
Abstammt, das schlimmste war Xanthippe,
Die *Sokrates*, dem Philosophen,
Die Welt gemacht zum Höllenofen.
Nun war vielleicht die Frau Professer
In Wirklichkeit doch etwas besser
Als ihr so reichlich schlechter Ruf.
Man denke, welche Qual es schuf,
Vermählt zu sein, ganz mild einmal
Gesagt, mit einem Original!
Vielleicht war sie sogar ganz häuslich?
Doch Sokrates benahm sich gräuslich,
Ging unrasiert und schlecht gewaschen,
Mit ausgerissenen Manteltaschen,
Natürlich immer voller Bücher
Und ohne frische Taschentücher
In staubigen Stiefeln ins Kolleg,
Daß mancher dachte auf dem Weg:
»Wer zieht von diesem Schmutzian
Denn wohl die *saubern* Kragen an?«
Und jede Hausfrau wird begreifen:
Xanthippe hatt' ein Recht zu keifen.

Auf alle Fälle sehn wir grausend,
Daß selbst im klassischen Jahrtausend

Die Welt ein wohlgerüttelt Maß
Von unsympathischen Fraun besaß.
Doch nicht nur, wenn das Weib abscheulich,
Auch Schönheit wirkt oft unerfreulich;
Des zum Beweise nenn ich da
Euch gleich die schöne Helena.
Herr *Paris* hat für sich den Ruhm,
Als erster Gent im Altertum
Bewiesen aller Welt zu haben,
Daß Mannesehre, Geistesgaben,
Charakter, höhere Gesinnung
Zwecklos für eines Weibs Gewinnung,
Wenn solche Operetten-Helden
Wie Paris ihren Anspruch melden.
Geht es uns nicht schon auf die Nerven,
Daß Göttinnen sich unterwerfen
Dem Urteil dieses arroganten
Hanswursten, den sie gar nicht kannten?
Ja, daß sie direkt aus dem Himmel
Herkamen zu dem Hirtenlümmel?
Sie hätten vorher wissen können:
Wem wird er schon den Apfel gönnen
Als dieser hübschen, hohlen Puppe,
Der Tugend wie auch Weisheit schnuppe!

Doch daß dann wegen dieses Laffen
Die ganze Welt griff zu den Waffen,
Nur weil dem alten Menelaus
Der Schuft sein Weibchen spannte aus,
Das ist uns heut ganz unbegreiflich!
Heut überlegt man Kriege reiflich.
Ein solcher Grund ist mehr als peinlich;
Drum hat auch damals höchstwahrscheinlich
Man stark betont schon in der Presse
Das überseeische Interesse.

In Troja machte bald dann mies
Ein Mädchen, das *Kassandra* hieß.
Unpatriotisch war das, schlecht!
Doch, leider Gotts, sie hatte recht!

Und was, nur wegen Helena,
Auch nach dem Kriege noch geschah!
Sie selbst, die angerührt den Leim,
Fuhr, mir nichts, dir nichts, wieder heim.
Doch der Odysseus beispielsweise
War noch zehn Jahre auf der Reise
Rund um die ganze Odyssee,
Bis er kam zur Penelope.

Es weiß Homer von seinem Helden
Manch Abenteuer zu vermelden.
Es bleibt uns ziemlich unverständlich,
Warum nicht bei Kalypso endlich
Geblieben dieser Einfaltspinsel
Auf jener wunderschönen Insel!
Daß er nicht lange im Bezirke
Der bösen Zauberhexe Kirke
Verweilt, das nenn ich klug gehandelt,
Weil Männer sie in Schweine wandelt,
Was allerdings bei einiger List
Für Weiber gar kein Kunststück ist.
Gut ist ein Zauberspruch erst, wenn er
Die Schweine wandelt um in Männer.

Doch weniger lobenswert ist dies,
Daß er Nausikaa sitzenließ,
Zu der er müd und krank und lahm
Und völlig abgerissen kam.
Sie hat ihn liebevoll bemuttert,
Herausstaffiert und durchgefuttert.
Er hat geschmaust nur und erzählt,
Statt daß er sich mit ihr vermählt, –
Und, als er sich herausgefressen,
Sie schnell verlassen und vergessen.

Er kam daheim grad recht zur Feier
Der frechen, flegelhaften Freier.
Die hat Odysseus glatt erschossen
Und glücklich dann sein Weib umschlossen,
Das ihn erwartet voll Gesittung –
Doch schrecklich war die Eh-Zerrüttung,
Die Agamemnon angetroffen.
Was meterweis zu Dramenstoffen
Und Opern ward gewertet aus –
Elektra beispielsweis von Strauß.

Viel Unheil auch die Götter brauten
Der Heldenschar der Argonauten.

Herr *Jason* etwa war ein solcher;
Er hatte aus dem Land der Kolcher,
Wo er noch andres führt' im Schilde,
Sich eine junge, hübsche Wilde,
Medea, mit nach Haus gebracht.
Doch dorten ward er ausgelacht,
Weil sie, ihm ward's auch selbst bald klar,
Nicht ganz gesellschaftsfähig war.
Dazu ward sie auch alt und fett,
Er fand sie plötzlich nicht mehr nett;
Beglückt von neuen Liebeshimmeln
Versuchte er, sie abzuwimmeln.
Sie ging auch wirklich später fort,
Doch vorher gab's noch Mord um Mord.
Drum zeigt der Rat auch viel Verstand:
»Heirate niemals außer Land!«

Recht schlecht es später auch erging
Herrn *Gyges* mit dem Zauberring.

Es war auch etwas Oberfaules,
Daß ihn der König, der Kandaules,
Bewog im Anflug toller Laune,
Daß er sein Eheweib bestaune.
Nun war der gute Gyges zwar
Kraft seines Ringes unsichtbar,
So daß er ungeniert ganz nah
Die Königin sich ausziehn sah.
Doch sei's, daß sie ihn doch erblickt,
Sei's, daß er heimlich sie gezwickt,
Sie merkte, daß ein Mann im Zimmer,
Und Gyges machte es noch schlimmer,
Indem er plötzlich sagte laut:
»Ich hab ja gar nicht hingeschaut!«
Worauf sie zischte: »Schurke, lüg es,
Jetzt kenn ich dich, du bist der Gyges!«
Sie gab ihm andern Tags die Wahl,
Zu töten ihren Herrn Gemahl,
Wo nicht, den Tod selbst zu erleiden –
Nun, das war einfach zu entscheiden.
Er hat Kandaules umgebracht
Und seitdem jahrlang, Nacht für Nacht,
Geschlafen bei der Königin –
Und schaute wirklich nicht mehr hin!

Wir wenden unsern Redestrom
Nun weiter, in das alte *Rom*,
Das von Aeneas ward gegründet,
Der mit Latinus sich verbündet,
Des Kind Lavinia er umwarb
Und kurz erst kriegte, eh er starb.
Wir würden ihm sie gerne gönnen,
Doch hätt er's billiger haben können,
Wär er geblieben bei der Dido,
Die sich, ein Opfer des Cupido,
In des Aeneas Heldenkraft
Unseligerweise hatt vergafft.
Schon hatte sie ihn fast umgarnt,
Da wurde er »von Zeus gewarnt«,
Wie man voll Heuchelei es hieß,
Wenn einer eine sitzenließ.
In Rom warn Frauen anfangs rar,
Denn jenes erste Zwillingspaar,
Von dem die Stadt, so sagt man, stamme,
Hatt eine Wölfin nur zu Amme.
Drum mußte man durch Raub gewinnen
Die nötigen *Sabinerinnen*.

Es klingt ja zwar ein bißchen roh,
Doch heut wär manche Mutter froh,
Käm so ein Römer nur und möcht er
Doch endlich rauben ihre Töchter.
Dabei war für die wirklich Frommen
In Rom auch sonst ein Unterkommen.
Wen niemand mochte zur Gemahlin,
Die wurde eben dann *Vestalin*,
Daß sie das öffentliche Feuer
Im Vestatempel stets erneuer,
Verzichtend auf den eignen Herd –
Doch auch der Staatsdienst ist was wert!

Zu Roms Beginn – schwer zu beschönigen –
Gabs schon Skandale mit den Königen;
Und mit Tarquinius, dem superben
Ging gar die Monarchie in Scherben:
Von Kronprinz Sextus wüst verfolcht,
Hat sich Lucretia erdolcht.

Rom stand in voller Jugendkraft,
Solang das Weib dort tugendhaft.
Doch diese Kraft muß bald erlahmen,
Wenn aus den Frauen werden Damen,
Die sinnlos sich die Zeit vertreiben,
Romane lesen, Briefchen schreiben,
Fast jeden Tag im Zirkus sitzen
Und sonst dergleichen Kinkerlitzen,
Nachts ausgehn, dann bis Mittag schlafen –
Dafür den Mann zum Arbeitssklaven
Erniedrigen; der soll es zahlen,
Wie sie sich schmücken und bemalen.

Die Männer freut's noch, diese Deppen,
Wenn ihre Fraun sie gründlich neppen,
Den ganzen Tag die Stadt durchlaufen
Und teures Glump zusammenkaufen,
Dann beim Konditor Schlagrahm schlecken
Und flirten mit dem dümmsten Gecken.

Die Hausfrau, die zu sparen trachtet,
Die kocht und wäscht, wird nicht geachtet,
Nur die, die jung, hübsch, elegant,
Wird von den Männern anerkannt.
Kurzum, in Rom, wie überall,
Kam eines Tages der Verfall.

Sogleich erinnern wir uns da
Der Königin *Kleopatra*;
Schon Cäsar war als alter Knabe
Erlegen der Verführungsgabe,
Mit der sie ihn vermocht zu fesseln.
Da saß er arg bald in den Nesseln,
Und nur mit ganz genauer Not
Entging er dort dem Heldentod.
Nachdem sie sich in ziemlich rüder
Art auch entledigt ihrer Brüder,
Saß sie vergnügt auf ihrem Thron,
Bis sie zuletzt dem Mark Anton
Das Mark aussog bis auf die Knochen
In jahrelangen Flitterwochen.

Dann war sie leider schon zu alt
Und ließ drum den Augustus kalt,
Und ihr blieb nichts bei solchen Mängeln,
Als schließlich sich davonzuschlängeln.
Denn die Erkenntnis, sie sei häßlich,
War mehr noch als der Tod ihr gräßlich.

Wie sehr der Frauen gute Sitten
In Rom im Lauf der Zeit gelitten,
Man unschwer aus den Versen sieht
Des Martial, Horaz, Ovid;

Auch Juvenal, Terenz, Tibull
Beweisen, daß Moral gleich Null.
Schulknaben ließ man ohne Strenge,
Buhlknaben gab's die schwere Menge.
Familienleben, Kinderkriegen –
Welch proletarisches Vergnügen!
In der Gesellschaft konnt man hören
Nur mehr von Schneidern und Frisören.
Doch nicht allein der Lippenstift –
Es herrschten bald auch Dolch und Gift,
Womit die Damen Tag und Nacht
Sich gegenseitig umgebracht.
Und jede Frau trug ein paar Fläschchen
Mit sich in ihrem Abendtäschchen.
Ich könnte leicht historisch dienen
Mit *Agrippinen, Messalinen,*
Die, ohne Angst vorm Staatsanwalt,
Wen sie nicht mochten, machten kalt.
Doch mach ich hier mit Grausen Schluß –
Es steht ja so im Tacitus,
Dem römischen Historienschreiber,
Der, ohnehin kein Freund der Weiber,
Haarklein und lesenswert uns schildert,
Wie Rom zur Kaiserzeit verwildert.

DIE GERMANEN

Bei Tacitus, wo wir die Sünden
Der Römerin verzeichnet finden,
Steht aber auch, zu unserm Heil,
Wie damals, ganz im Gegenteil,
Gewandelt auf der Tugend Bahnen
Germaninnen und auch Germanen.

Erst schreibt er lang von Speer und Schilden,
Und wie sie leben wie die Wilden.
Am meisten hat ihn das gepackt:
Die Frauen gehen dort halb nackt,
Und wenn man auch so manches sehe,
Sei trotzdem heilig ihre Ehe.
Kein Zirkus, Kino und dergleichen,
Kein Flirten, Blinzeln, heimlich Zeichen,
Kein Billet-doux von Frau zu Mann
(dies schon, weil niemand schreiben kann) –
Im alten Deutschland überhaupt
Nichts außer Heirat war erlaubt.

Ich bitte nur die Junggesellen
Und -innen, sich das vorzustellen!
Was für Vergnügen bot das Tanzen,
Geschah's mit Schwertern nur und Lanzen?
Und paßte eins nicht höllisch auf,
Ging schon die große Zehe drauf.
Was nützt ein Mädchen, blaugeäugt,
Von dessen Reiz man überzeugt,
Wenn die Verordnungen so scharf,
Daß man zu ihr nur sagen darf:
»Vorausgesetzt, daß Sie mich mögen,
Erbitt ich Ihrer Eltern Segen!«
Und war man noch nicht dreißig alt,
Dann sprach der Schwiegervater kalt:
»Den Hosenlatz, den Milchbart schau!
Der Lausbub möcht schon eine Frau!«

Auch Mitgift gab es leider nicht,
Im Gegenteil, des Mannes Pflicht
War es noch Anno dazumalen,
Für seine Frau was zu *bezahlen*.
Das war gewiß ein guter Brauch.
Er hielt sie drum in Ehren auch
Viel mehr, als wenn er so sie nähme
Und noch was zubezahlt bekäme.

Doch oft geschah's, daß voller Scham
Ein Mann nach Haus vom Würfeln kam:
»Von morgen ab gehörst du leider
Dem Teut, dem Lederhosenschneider!«
Worauf sie sprach, getreu und bieder:
»Vielleicht gewinnst du mich bald wieder!«

Noch wäre manches nachzutragen
Von Götter- und von Heldensagen.
Die Wunschmaid trifft nicht überall
So herrlich man wie in Walhall:
Ein Mädchen, schön und hünenhaft,
Daß selbst die erste Bühnenkraft
Bei festspielmäßiger Besetzung
Nicht mittun kann, nach meiner Schätzung.

Dafür gelang der Feuerzauber
Dem Loge selbst wohl kaum so sauber
Wie uns, die wir als Feuerwerker
Und sonst bei jedem Blendwerk stärker.

Der Vater *Wotan* war beim Bau
Der Götterburg nicht allzu schlau.
Auf seinem Hause lag kein Segen:
Die beiden *Riesenhypotheken*

Zu löschen, hat zu guter Letzt
Er seinen Ring daran gesetzt,
Damit auf Freia, seine Nichte,
Das ungeschlachte Paar verzichte.

Auch sonst war Wotan nichts zu neiden:
Gebunden mit den stärksten Eiden
Sah er sich durch des Schicksals Tücke
Verhindert stets an seinem Glücke.
Dazu war Frigga, seine Frau,
In derlei Sachen zu genau.
Er starb, für einen Gott noch jung,
Bald an der Götterdämmerung.

Hingegen an besagtem Ring
Noch fürder manches Unheil hing:
Siegfried, nicht nur ein blonder Held,
Nein, auch ein Mann mit sehr viel Geld,
Kam eines Tages frisch und munter
Zu dem bekannten König Gunther,
Und er verliebte fest und fester
Sich in Krimhilde, dessen Schwester.

Im Norden herrschte wo die wilde
Und starke Königin Brunhilde,

Die nun der Siegfried seinerseits,
Da sie für ihn ganz ohne Reiz,
Dem König Gunther zugebracht.
Doch in der ersten Liebesnacht,
Sofern man das so nennen kann,
Schlug sie erbärmlich ihren Mann.
Der traut' sich nicht mehr in die Klappe,
Bis Siegfried kam in seiner Kappe
Und sie an Gunthers Statt verdrosch.
Draus wurde Haß, der nie mehr losch.
Und als gar sonntags die Gemahlin
Krimhild verhöhnte die Rivalin,
Hat das Brundhild nicht mehr vertragen.
Sie wandte heimlich sich an Hagen,
Der dann, wie allgemein bekannt,
Den Siegfried durch und durch gerannt
Nach jenem Wettlauf an den Brunnen.

Krimhild ging später zu den Hunnen,
Vermählte sich mit *König Etzel*,
Und jeder kennt dann das Gemetzel,
Genannt »der Nibelungen Not«,
Wo sie schlug kurzweg alle tot.

Seitdem trifft man, was auch kein Wunder,
Nicht oft mehr richtige Burgunder.

Ganz grauenvoll ist auch die Kunde
Von Alboin und Rosamunde.
Der König Alboin befahl
Der Ehefrau, beim Hochzeitsmahl
Zu trinken aus des Vaters Schädel –
Was, unsrer Meinung nach, nicht edel,
Weshalb sie – was nicht zu verdenken –
Beschloß, auch ihm es einzutränken.
Und ehe noch der Tag gesunken,
Hatt' Alboin schon ausgetrunken.

MITTELALTER

Wir sehn: die Vorzeit, sie war grau
Auch in Beziehung auf die Frau.
Viel reicher blühte die Erotik
Dann später in der Zeit der Gotik,
Doch gab's im Mittelalter auch
Für Frauen manchen üblen Brauch.

Zum Beispiel war es ziemlich bitter:
Wenn in den Krieg zog so ein Ritter
Und traute nicht ganz seinem Weibe,
Ob sie inzwischen treu auch bleibe,
So *sperrte er sie einfach* zu,
Zog dann ins Feld voll Seelenruh.
Erwies sie trotzdem späterhin
Sich dann als Missetäterin,
So schickte sie ein solch erboster
Ehmann ins nächste beste Kloster,
Wo sie, weil es so langeweilig,
Aus purem Stumpfsinn wurde heilig.

Trotzdem: Manch Mädchen meint sogar,
Daß es recht schön zu leben war
Als Ritterfräulein, hoch zu Roß,
Und jeden Tag auf einem Schloß!

Wer etwas ahnt von Hygiene,
Sich nie nach Ritterburgen sehne!
Zentralheizung, elektrisch Licht
Und Gas kennt man dortselbsten nicht;
Wem das noch nicht genügt, der geh,
Falls er den Mut hat, aufs WC,
Beziehungsweise jene Stätte,
Die heute diesen Namen hätte.
Wobei mir noch kommt in den Sinn,
Daß damals der Besucherin,
Was sicher peinlich sie empfand,
Kein Zeitungsblatt zu Diensten stand.

Das Gegenteil mir zu beweisen,
Wird man das Badeleben preisen,
Wo froh vereint in einer Wanne
Das Weib geschäkert mit dem Manne –
Und doch seh ich mit Trauer hin
Auf Agnes, die Bernauerin.
Der Herzog Ernst, durchaus nicht mocht' er
Ein Baderskind zur Schwiegertochter.
Er schrie erbost: »Nicht dran zu denken!«
Und ließ in Straubing sie ertränken.

Daß eine Freifrau wirklich frei war,
Glaubt wohl nur der, der nicht dabei war.
Habt ihr denn nicht, arglose Wesen,
Rosa von Tannenburg gelesen?
Ha, winters, wenn die Stürme heulen,
Im Burgverlies die Knochen fäulen,
Vom Keller bis zur Speicherluken
Ahnfrauen umeinanderspuken
Und es dann plötzlich dröhnend pocht,
Daß jäh verlischt der Lampendocht –
Das Fräulein schaut zum Fenster raus
Und bibbert: »Wer ist denn da drauß
Und klopft ans Tor so fürchterlich?«
Und dumpf und hohl antwortet's: *»Ich!«*

Ist das nicht scheußlich und gemein?
Wer möcht da Ritterfräulein sein?

Ja, wird man mir entgegenhalten:
Der Minnesänger Lichtgestalten?!
Wolfram von Eschenbach, beginne!
Ja, aber nur von reiner Minne!
Tannhäuser, der beim Minnepreisen
Nur ein klein wenig tat entgleisen,
Indem er harmlos mitgeteilt,
Daß er im Hörselberg geweilt
Und drum von Liebe was verstünde,
Ward gleich als Ausbund aller Sünde
Verjagt mit flammendem Proteste
Vom ersten Sänger-Bundesfeste.
Und machte so ein Troubadour
Der Liebsten ernsthaft dann die Kur,
Mußt er hinauf an einem Strick
Und ward im nächsten Augenblick
Vom Vater etwa, der anstatt
Der Tochter ihn erlauert hatt,
Mit kaltem, höflichem Bedauern
Herabgeworfen von den Mauern.
Der Tochter aber auf der Stelle
Gab jener eine mächtige Schelle

Und hatt noch Eisenhandschuh an –
Das hat vielleicht nicht weh getan?
Indes der arme junge Ritter
Lag unten tot bei seiner Zither,
Mußt' ewig nun ums Schloß gespensterln
Zur Strafe für verbotnes Fensterln.

Bei uns setzt heut ein junger Mann
An Liebe nicht mehr so viel dran.
Er pfeift ihr von der Straße munter,
Sie pfeift drauf – oder sie kommt runter.

Und war das lustig für die Frauen
Dies ritterliche Sich-Verhauen?
Wenn ewig Mann, Sohn, Bruder, Schwager
Dalag auf seinem Hirschfell-Lager,
Und ständig irgend so ein Tropf
Ankam mit einem Loch im Kopf?

War's lustig, wenn es solchen Schlingeln
Einfiel, die Burg nachts zu umzingeln,
Faul mondelang herumzulungern
Und sie dann einfach auszuhungern?

War nun kein Feldkrieg grade offen,
Sah man die Ritter meist besoffen
Am flackernden Kamine hocken
Und greulich fluchen und tarocken.
Die Frau mußt ihre Zeit benutzen,
Und Tag und Nacht die Waffen putzen,
Die Lederkoller und Gamaschen.
Die *Panzerhemden* mußt sie waschen,
Die schwer zu bügeln, weil sie schuppig –
Das Leben, kurz, war rauh und ruppig.

Und wenn der Gatte schließlich gar
Der grimme *Ritter Blaubart* war,
Der, wenn sie nicht den Schlüssel brachte,
Aus ihr sofort Schlachtschüssel machte,
Muß ich schon sagen: Tut mir leid,
Ich bin nicht für die Ritterzeit.

Nun meint vielleicht so manche Frau,
Der Blaubart war gar nicht so blau,
Das Ganze sei ja bloß ein Märchen:
So find ich darin auch ein Härchen.
Was anbelangt das Frauenzimmer,
Ist ja die Wahrheit oft viel schlimmer:
Selbst die berühmte Scheherazade,
Die, daß sie des Kalifen Gnade
Erringe, keineswegs gezaudert
Und tausendeine Nacht geplaudert,
Hält, wenn sie noch so stark im Wort,
Doch keineswegs den Weltrekord.

Ich selber kenne einen Mann,
Der es auf Eid beschwören kann,
Daß Tag und Nacht unausgesetzt
Sein Weib seit dreißig Jahren schwätzt.
Auf weitere Märchen ich verzichte:
Wir treiben hier ja Weltgeschichte!

Belustigt tut heut manche Gans
Von der *Jungfrau von Orleans;*
Doch fehlt zu gleichen Ruhms Erringung
Vielleicht ihr schon die Grundbedingung;
Und hätt selbst, durch Abscheulichkeit,
Bewahrt sie die Jungfräulichkeit,
So bleibt es zweifelhaft erst recht,
Ob sie das männliche Geschlecht
Vermöchte, denn das will was heißen,
Zu Heldentaten hinzureißen.

Daß eine Frau so frei gewesen,
Wie wir es von Johanna lesen,
War damals einfach unerhört
Und alle Welt war tief empört.
So mancher, der ihr sonst gewogen,
Sprach: »Daß sie Hosen angezogen,
Das geht zu weit, das ist zu stark!«
Und drum verbrannten sie Jeanne d'Arc.

Und man versteht's, wenn man die Welt
Von damals sich vor Augen stellt.
Denkt nur an *Faust mit seinem Gretchen* –
Was war das für ein armes Mädchen!

Um ihn zu sehn, mußt sie ins Gärtlein
Der hilfsbereiten Martha Schwertlein.
Na, und was taten sie da schon?
Sie redeten von Religion,
Und unterm Schutze der Frau Muhme
Zupft' sie an einer Sternenblume,
Ließ sich durch ein Orakel sagen,
Was *er* hätt sollen *gleich* erfragen.

Sie liebte ihn! O holder Wahn!
Damit ging dann das Unglück an.
Denn Liebe hatte zu den Zeiten
Noch ungeahnte Schwierigkeiten.
Heut geht das ohne List und Mord,
Man fährt zum Wochenende fort,
Ist aufgeklärt nach allen Kanten –
Pfeift auf die Eltern, die Verwandten.

Doch damals! Ach, wer denkt nicht da
An *Romeo und Julia*.
Die Liebe zueinander faßten,
Indes sich ihre Väter haßten,
Draus wurd ein Drama, trüb und traurig.
Mit einem Ende, wüst und schaurig.

Wer denkt nicht, ärmer noch als diese,
An *Abälard und Heloise,*
Die ihrer Leidenschaften Tiefe
Ergossen lediglich in Briefe
Als unfreiwillige Tugendbolde;
Denkt nicht an *Tristan und Isolde?*
Brangäne hat den Trank vertauscht,
So daß ganz schrecklich sich berauscht
An Liebe die zwei Wahnbetörten,
Bis sie nichts sahen mehr und hörten,
Und man sie auf der Tat, der frischen,
Konnt jeden Augenblick erwischen.
Es wollt die Leidenschaft, die starke,
Selbst anerkennen König Marke. –
Doch wie's halt so in Dramen geht,
Einsicht und Hilfe kam zu spät
Und alles starb in kurzer Frist;
Zurück blieb einsam der Bassist.

Man wird uns kaum von einer tiefern
Verliebtheit je was überliefern.
Daß, wie Isolde, jemand bloß
Aus Liebe stirbt, ist beispiellos.
Wohl geht manch Herz dabei in Brüche
Doch wirklich sterben – das sind Sprüche,
Es sei, daß jemand, den das trifft
Mit Kugeln nachhilft, Strick und Gift,
Wobei, nach ärztlichem Befund,
Dann nicht die Liebe gilt als Grund.

Erwähnt sei hier noch immerhin
Elsa mit ihrem *Lohengrin*.
Dabei geht der bekannte Schwan
Nur mittelbar uns etwas an,
Weil nicht, wie bei der Leda, er
Gedient hat für den Nahverkehr.
Ausschließlich für des Grales Sendung
Fand er im Fernverkehr Verwendung.
Es ist zuviel verlangt von Frauen,
Daß sie voll höchstem Gottvertrauen
Sich einem fremden Mann vermählen
Und ihn nicht lang mit Fragen quälen.
War er auch ritterlich galant,
Sie hatte immerhin Brabant
Und lief zum Schlusse doch Gefahr,
Daß er ein Heiratsschwindler war.

Denn wenn ein solches Fräulein prompt
Dann von dem Mann ein Kind bekommt
Und weiß beim Vormundschaftsgericht
Des Vaters Art und Namen nicht,
Wie steht sie mit der Auskunft da:
»Des Kind is von an Maschkera!«?

Man weiß oft nicht, wie sich betragen:
Was Elsa sich verpatzt durch Fragen,
Hat *Parzival* dadurch verdummt,
Daß, statt zu fragen, er verstummt.
Bei Frauen zwar hat nach wie vor
Noch ziemlich Glück der reine Tor,
Der nicht lang fragt und blindlings tappt,
Sobald er merkt: es hat geschnappt!

Wenn Frauen sich zur Eh entschlossen,
Gehn sie aufs Ziel los unverdrossen.
Des zum Beweis, ihr ahnt es schon,
Nenn ich das *Käthchen von Heilbronn*.
Es war nun halt der Graf vom Strahl
Ihr angebetet Ideal.
Mit Hunden hat er sie gehetzt,
Sie aber hat's doch durchgesetzt.
Denn bei der Frau versagen nie
Die Sanftmut und die Hysterie.

Doch, um nicht nur aus deutschen Gauen
Heranzuziehen hier die Frauen,
Verflecht zum Schluß ich dem Berichte
Die äußerst spannende Geschichte
Des bösen Mohren von Venedig,
Othello, der, solang er ledig,
Als Admiral war äußerst tüchtig.
Doch Jago macht' ihn eifersüchtig,
So daß er von Desdémona
Sich schauerlich betrogen sah.
Ein Taschentuch hat's ihm verbürgt;
Voreilig hat er sie erwürgt.
Frau Macbeth war, die böse Lady,
Vielleicht als Kind ein »süßes Mädi«.
Der Ehrgeiz hat sie ganz verblendet –
Zu spät hat sie in Reu' geendet.

DIE NEUZEIT

Was man in unsern Büchern dreist
Als sogenannte Neuzeit preist,
Ist auch schon wieder lange her –
Fünfhundert Jahre ungefähr.

Schon damals hat die Frau, wie heut,
Das *Mittelalter* arg gescheut;
Auch Frau Europa träumte nur
Von Schönheit und Verjüngungskur.
Sie dachte, wenn die klassischen Alten
Sich so vorzüglich einst gehalten,
Lag's nur an der Antike Kraft.
Sie braute drum sich einen Saft
Aus humanistisch-klassischen Kräutern
Und trank ihn, ohne ihn zu läutern.
Und bald, nach einigem Magendrücken,
Schien die Verjüngungskur zu glücken.
Europa stand im vollen Glanze
Der Neugeburt, der *Renaissance*.

Doch war, man kann das leicht erwischen,
Halt noch manch giftiges Kraut dazwischen,
Und grad die Renaissancefrauen
Betrachten wir darum mit Grauen,
Weil manches Unheil sie gestiftet
Und ihre Männer oft vergiftet,
Die ihrerseits auch, roh und kalt,
Statt Liebe brauchten nur Gewalt.
Wobei ich noch im Zweifel bin,
Ob wirklich solche Teufelin
Lucrezia Borgia ist gewesen,
Wie wir in der Geschichte lesen.

Ich nähme, ohne Angst vor Mord,
Zur Freundin wenigstens sie sofort;
Denn sie war schön, reich, klug und heiter.
Was will ein Mann denn da noch weiter?

Viel ärger sind oft giftige Kröten,
Die ohne solche Tränke töten.

Noch mächtiger wird der Unterrock
Nun im Verlaufe des *Barock*,
Und sinnverwirrend lebensfroh
Herrscht er erst recht im *Rokoko*.
Das Weib, sonst Herrin kaum im Haus,
Wächst sich zur Weiberherrschaft aus.

In Engelland, das seinen Namen
Nicht wohl den engelhaften Damen
Verdankt, die dort herangewachsen,
Vielmehr dem Volk der Angelsachsen –
Herrscht' jener *Heinerich der Achte,*
Der sich aus Weibern nicht viel machte,
Sobald, und dies gelang ihm leicht,
Bei ihnen er sein Ziel erreicht.
Er teilte anfangs Bett und Thron
Mit Katharina Aragon,
Bald drauf nur mehr den Thron, und schließlich
Ward ihm auch dieses zu verdrießlich:
Bezog der Liebe hohe Schulen
Dann buhlend mit der Anna Boleyn,
Doch plötzlich müde ihrer Süße,
Legt' er den Kopf ihr vor die Füße;
Nahm eine dritte sich, Johanna,
Als vierte wieder eine Anna;

Doch schien ihm keine was zu taugen.
Dann aber macht' ihm schöne Augen
Katharina Howard, und er nahm sie,
Sah jedoch bald, daß ohne Scham sie
Die Augen, leicht und lebensfroh,
Den andern machte ebenso,

Und jeder Junker mit ihr junkte.
Er war sehr heikel in dem Punkte,
Weil er nicht ohne Recht sich dachte:
Bin ich als Heinrich schon der Achte,
Will ich, daß bei der Königin
Der erste ich und einzige bin.
Und um zu wissen sonnenklar,
Daß mindestens er der letzte war,
Macht er nicht weiter viel Geschichten,
Befahl kurzweg, sie hinzurichten.
Ihn selbst berührte das nicht weiter,
Kaum, daß sie tot war, sprach er heiter:
»Versuchen wir einmal die nächste!«
Es war schon immerhin die sechste.
Es holte sich der alte Narr
Die Witwe Katharina Parr;
Die hat dann seinen Tod erlauert,
Ihn zwar nicht be-, doch überdauert.

Bricht lang verhaltner Frauengroll
Sich endlich Bahn, wird's grauenvoll.
Die »Bluthochzeit« verzeihn wir nie
Der *Katharina Medici*,
Der's fast gelang, die Hugenotten
In Frankreich völlig auszurotten.

Daß Henri Katter sie geschont,
Hat weltgeschichtlich sich gelohnt.

In Rußland ist es ja schon immer,
Ob mit, ob ohne Frauenzimmer,
Wüst zugegangen, und uns dienen
Zum Beispiel auch zwei *Katherinen.*
Die erste, die dann späterhin
Emporstieg bis zur Kaiserin,
Entstammt aus Livland oder wo.
Ihr erster Mann war dumm und roh
Wie dort die Mehrzahl der Bewohner;
Es war ein schwedischer Dragoner,
Der zweifellos sich oft besoff.
Sie ward das Mensch des *Menschikoff,*
Als bald darauf die Russen kamen
Und alles, auch die Weiber, nahmen.
Der arme Menschikoff erfreute
Nicht lang sich seiner schönen Beute;
Denn die kam Petern gleich, dem Großen,
Gefährlich nahe an die Hosen.
Zuerst regierten sie zu zweit,
Dann sie allein noch kurze Zeit,
Man muß gestehen, ganz untadelig.

Die Zweite nun, die war zwar adelig –
Tat viel für Kunst, Kultur und Handel –,
Doch scheußlich war ihr Lebenswandel.
Unheimlich war der Männer Zahl,
Die heimlich waren ihr Gemahl.
Die Herrlichkeit blieb oft nur kurz,
Auch Orlow endete durch Sturz,
Und oft fiel – und dann ging's noch kürzer –
Mit dem Gestürzten gleich der Stürzer.
Viel länger als so mancher Brünstling
Hielt Graf Potemkin sich als Günstling,
Der allerdings als Mann und Zar
Wohl auch kein Impotemkin war.

Inmitten der Kathrinen steht
Die Kaiserin Elisabeth.
Als Zarin gut, jedoch persönlich
Sehr sinnlich, eitel und gewöhnlich.
Sie hatte, wie es damals Brauch,
Liebhaber massenweise auch;
Zum Beispiel bracht's ein Hirtenknabe
Durch ihre Gunst zum Marschallstabe,
Den er in süßen Schäferstunden
Gewiß in ihrem Bett gefunden,

Wodurch man widerlegt, es gäbe
Nur in Tornistern Marschallstäbe.

Noch andere Elisabethen
Historisch uns entgegentreten,
So, blicken wir nach England hin,
Die »*Jungfräuliche Königin*«,
Zwar zu dem lasterhaften Leicester
Stand sie wohl kaum wie eine Schwester,
Und ziemlich rasch kam an sein Ziel
Essex mit dem Essexappeal.
Daß er ein Hoch- und Staatsverräter,
Hätt sie ihm noch verziehen später,
Doch daß er alt sie fand, verrostet,
Das hat ihn dann den Kopf gekostet.

In einem Bette von Intrigen
Bei einer Königin zu liegen,
Ist, dessen sei man sich bewußt,
In keinem Fall die reine Lust.
Bei ständiger Furcht vor Todesstrafen
Könnt' mancher selbst *allein* nicht schlafen.
Maria Stuarts Hauptgefahr
War's, daß sie jünger, hübscher war
Als die Elisabeth, die fand,
Daß sie die Schönste sei im Land.

Ihr ging es nicht um Macht und Titel:
Doch als ihr half kein Schönheitsmittel
Sich *her*zurichten, da war's klar,
Daß jene *hin*zurichten war.

Noch wäre zu erwähnen da
Östreichs *Marie Theresia*
Mit ihrem Prinzgemahl, dem Fränzchen,
Der, als ein rechtes Lämmerschwänzchen,
Auch, als er später Kaiser hieß,
Der Frau fast alles überließ:
Regieren, Haushalt führen, siegen,
Erst recht natürlich Kinder kriegen,
Und nur, daß sechzehn sie bekam,
Beweist den Anteil, den er nahm.

So ist denn diese Frau es wert,
Daß sie die Nachwelt preist und ehrt.

Gleich ihr voll seelischen Gehalts
War *Liselotte von der Pfalz*,
Die Briefe schrieb, so herzlich-rauh,
Wie keine zweite deutsche Frau.
Es galt ihr ganzer Kampf und Spott
Der tiefverhaßten »alten Zott«,
Der bösen Frau von Maintenon,
Die schlau beherrschte Frankreichs Thron.

Gewiß mag man bei Sonnenkönigen
In puncto Frauen viel beschönigen,
Nur wegen seines Damenflors
Wird niemand tadeln Louis quatorze,
Und jeder gönnt dem Roi soleil,
Daß er sich seinen Lebensmai
Verlängert hat bis in den Winter.
Bei ihm steckt' sonst auch was dahinter.
Doch bei Louis quinze war's schließlich nur
Frau Fisch noch, alias Pompadour,
Und, beinahe schlimmer noch als die,
Die abgefeimte Dubarry,
Zwei echte Rokoko-Kokotten,
Die voll kostspieliger Marotten
Dem König zwar das Dasein würzten,
Doch Frankreich tief in Schulden stürzten.

Ein Weib, das sehr viel Geld verpraßt,
Ist viel geliebt und viel gehaßt,
Denn einerseits das Volk bedrückend,
Ist es doch andrerseits entzückend,
Und mancher wünscht von Zeit zu Zeit
Ein bißchen Sittenlosigkeit,
Wenn auch vielleicht nicht so en gros,
Wie's damals war im Rokoko.

Louis quinze war tot. Und pflichtgemäß
Vertrieb das ganze Pack Louis seize.
Zu spät – ich brauch nur zu erwähnen:
»Die Weiber wurden zu *Hyänen*…«,

In Frankreich herrschte wüst der Pöbel –
Wir trauern heut noch – um die Möbel!

Oft freit der Adler eine Gans:
Das war das Schicksal auch des Manns,
Der sich die Welt warf untern Thron:
Der mächtige Napoleon.
Er trennte sich von Josephin'
Und holte sich ein Weib aus Wien,
Das seine Größe nie begriff
Und auf die Weltgeschichte pfiff.
Sie heulte – aber nicht vor Glück! –
Als Er von Elba kam zurück,
Ein völlig unerwünschter Gatte,
Weil sie mit Neipperg schon was hatte.

Die Fraun im neunzehnten Jahrhundert,
Die man geliebt, gehaßt, bewundert,
Sind uns ja schon so nah gerückt,
Daß kein historischer Abstand glückt.
Das gilt gewiß in jeder Richtung.
Zum Beispiel diene uns die Dichtung:
Wenn auch Herr *Johann Wolfgang Goethe*
Uns manchen Stoff zur Forschung böte,
Er bringt uns in Gewissensnot;
Obzwar schon hundert Jahre tot,
Scheint's uns doch oft, als wär's erst gestern,
Und drum fällt es uns schwer zu lästern.
Zwar daß er, klassisch stark verpflichtet,
Hermann und Dorothee gedichtet,
Das mag man ungestraft erwähnen.
Getrocknet sind auch schon die Tränen
Der ungezählten netten Mädchen
Wie Lily, Friederike, Käthchen,
Mit denen er sich einst verlobt
Und seinen Sturm und Drang geprobt.
Doch ungern leuchten wir hinein
In die Affäre Frau von Stein,
Wo sich die Welt den Kopf zerbricht:
Hat er nun oder hat er nicht?

Bei den Romantikern die Regel
Warn, wie die Dorothea Schlegel,
Die Frauen geistvoll, liebenswürdig,
Den Männern mehr als ebenbürtig –
Nicht weltgeschichtlich zwar, denn nur
Bedeutend für Weltliteratur.
Doch wollen wir es uns verkneifen,
Hier literarisch auszuschweifen;
Denn was nach der Romantik kommt,
Ganz selten nur dem Leser frommt.
Denn nach der Klassik kommt ja nur
Im Grund die Asphaltliteratur,
Die uns erfüllt mit Zorn und Trauer,
Wie beispielsweise Schopenhauer,
Der dünkelhaft sich hat erfrecht,
Den Mann als schöneres Geschlecht
Der Mit- und Nachwelt darzustellen:
Schmach über diesen Junggesellen!

Nicht weit von der Begriffsverwirrung
Ist's zu der Sexualverirrung,
Die aus den Worten Nietzsches spricht:
»Beim Weib vergiß die Peitsche nicht!«
Der Ärmste hat wohl nie entdeckt,
Wie echte Frauenliebe schmeckt.

Selbst Dante hatte Beatrice –
Doch völlig einsam lebte Nietzsche.
Und was erst schrieben die Modernen?
Wir wollen's gar nicht kennenlernen!

Man merkt, die Neuzeit schafft Verdruß,
Drum kommen langsam wir zum Schluß.
Wir sahn, wie lüstern und intim
Es war im ancien régime.

Als das Empire dann kam zum Sieg,
Trug sich die Damenwelt antik,
Moralisch ziemlich ungefestigt
Ging sie, von Kleidern kaum belästigt.
Doch mit dem Gürtel, mit dem Schleier
Macht' schnell ein End das *Biedermeier,*
Das, eingerechnet selbst Berlin,
So ungeheuer *einfach* schien
Und doch schon Anno dazumal
Uns brachte *doppelte* Moral.

Doch sieh! Aus dieser stickigen Luft
Kommt auch der Freiheit neuer Duft:
Es brachte der Kaffeegenuß
Den weiblichen Zusammenschluß.
Debatten gab es, wüst und scharf,
Was der Mann muß, soll, kann und darf,
Und es entstand mit einem Schlage
Die fürchterliche *Frauenfrage*,
Auf die man bis zur heutigen Frist
Noch ohne gültige Antwort ist.

Die Neuzeit neue Sorgen schuf:
Die Frau drang ein in den Beruf,
Und sie erprobte ihre Kraft
In Politik und Wissenschaft.
Nichts gibt's, worum sie sich nicht kümmert,
Schon wird das Vaterbild zertrümmert,
Auf Thronen selbst sind längst die Gatten –
Wie bei der Queen – nur noch ein Schatten.

Auch brachte es die Frau im Sport
Von Weltrekord zu Weltrekord –
Noch gibt's zwar keine Fußball-Elf,
Doch sonst gilt das do it yourself.

Marie Curie, der Frauen Stolz,
Das Radium aus Pech erschmolz:
Dürft da zu sagen sich erdreisten
Ein Mann, daß Frauen nicht viel leisten?

Verzichten will nicht andererseits
Die Frau auf ihren Weiberreiz,
Der mehr denn je die trübe Quelle
Der wilden Sex- und Pornowelle.

Und doch sehnt sich die Frau zurück
Nach Mädchenglanz und Mutterglück –
Wobei, falls nicht ein Kind ihr Wille,
Sie sich bedienen kann der Pille
Und, frei von jenem Paragraphen,
Weiß, ungefährdet beizuschlafen.

Die Welt, obgleich sie gar nicht prüde,
Ist eigentlich der Freiheit müde,
Und mancher denkt so manches Mal:
»Willkommen wiederum, Moral!«

Was wir erreicht mit vieler Müh:
Das freie Bein, die Nacktrevue,
Wird wieder bald zum alten Märchen,
Zum Ehepaar das Liebespärchen;
Zurück dreht sich des Schicksals Rädchen.
Es werden wieder junge Mädchen
Behütet rein wie eine Lilie
Erblühn im Schoße der Familie, –
Und eines Tages stehn wir da
Und sprechen wieder – mit Mama!

Eins gilt auch jetzt noch in der Welt:
Die schönen Frauen kosten Geld.
Und nördlich, südlich, westlich, östlich
Ist Kostenloses selten köstlich.

Nur wünschen darf der Mann natürlich
Gebührenfrei – nicht ungebührlich!
Und jeder denkt da oft und gerne
An *Filmstars*, Operettensterne,
An Girls, an Schönheitsköniginnen
Und wird vor Sehnsucht fast von Sinnen.

Eh' unser Buch dem End zu eilt,
Sei kurz noch Wichtiges mitgeteilt:
Der Hitler wußte es genau:
Zur Macht kommt man nur durch die Frau.
Germania, noch unverdorben,
Hat er mit Redeschwall umworben,
Bis just die Frauen, hingerissen,
Geworden scheußliche Nazissen,
Die ihrem »Führer« zugejodelt
Und Weltgeschichte mitgemodelt.

Jedoch mit heiterem Gemüte
Gedenk ich höchster Frauengüte.
Auf Elsa Brandström ich verweis',
Die sich in Rußlands Nacht und Eis
Der Kriegsgefangenen angenommen –
Sonst wären viel mehr umgekommen!

Hier naht zum Schluß der Moralist,
Der für uns Arme tröstlich ist,
Und taucht mit Worten, süß wie Honig,
Höchst gründlich in die Weltenchronik.
»Schaut«, spricht er, »in die Zeit zurück:
Wem brachten Frauen wirklich Glück?
Wahn, überall Wahn, wohin ich seh,
Von Orpheus und Eurydike,

Bis in die Gegenwart ganz nah,
Zu Adolf und Germania.
Millionen Männer, ja Milliarden,
Darunter Könige, Helden, Barden,
Soldaten, Bürger, Bauern, Knechte,
Sind dem verderblichen Geschlechte
Durch die Jahrtausende verfallen.
Jenun, was blieb von ihnen allen?

Die Liebesglut, die sie durchlodert,
Ist eitel jetzt und staubvermodert.
Drum, wer historisch es betrachtet,
Das Weib nur fürchtet und verachtet!«

Und trotzdem rat ich: Lebt und liebt,
Es ist das Schönste, was es gibt!

Wer noch ein Herz hat, der verzichte
Auf alle Fraun der Weltgeschichte
Und hoffe, daß just er das könnte,
Was wenigen das Schicksal gönnte:
Mit seinem Glück, wär's noch so klein,
In seinem Kreis zufrieden sein!

151

ZUR ENTSTEHUNGSGESCHICHTE
DIESES BUCHES

I.

1936 erscheint im Alexander Duncker Verlag in Weimar »Die Frau in der Weltgeschichte« von Eugen Roth mit 60 Bildern von Fritz Fliege. Seit 1956 im Carl Hanser Verlag, hat das Buch inzwischen eine Auflage von über einer halben Million Exemplaren erreicht. Nur Eingeweihte jedoch wußten bis jetzt, daß sich hinter dem Pseudonym Fritz Fliege der Schriftsteller Ernst Penzoldt verbirgt, dessen Baltus Powenz hinwiederum bekannter wurde als er selbst.

Ausgebildet zum Bildhauer und Maler, arbeitete er als Zeichner und Werbegrafiker seit 1934 unter dem Pseudonym Fritz Fliege.

II.

Da gab es ein großes Haus in Schwabing, in dem ein kleiner Verlag seit 1922 mutige Gehversuche mit zweisprachigen Ausgaben antiker Klassiker wagte und lyrische Etüden und Radierungen eines unbekannten Erlangers herausbrachte.

Der Verleger hieß Ernst Heimeran, der Erlanger

Ernst Penzoldt. Miteinander verschwägert und befreundet, zogen sie literarische Freunde an, unter ihnen Eugen Roth.

Täglicher Treffpunkt von Roth und Heimeran waren die Räume der »Münchner Neuesten Nachrichten«. Beide arbeiteten dort als Lokalredakteure. Ernst Penzoldt aber zeichnete fast alles, was Roth und Heimeran für ihren lokalen Teil brauchten, seien es die Tiere von Hellabrunn, alte Münchner Straßenzüge, Handwerkerzeichen, brennende Häuser zu einer Brandreportage oder aber Karikaturen für die Faschingszeitungen »Die Kuhhaut« oder »Die Gänsehaut«.

III.

Ernst Penzoldt, Ernst Heimeran und Eugen Roth zählen zu den Gründungsmitgliedern der »Argonauten«, einem »Bund zeitgenössischer Dichter und Kunstfreunde«, der ein Jahrzehnt, bis zu seiner selbstbeschlossenen Auflösung 1933, der Dichtung der Gegenwart ein Podium schaffen wollte – so etwas fehlte in München. Darüber hinaus trafen sich die Argonauten alle zwei Wochen zu Geselligkeiten, und bald bekannt und gesucht waren ihre großen Feste, deren Einnahmen auch das Argonautenschiff, auf dem neben manchen bekannten auch viele (noch) unberühmte Autoren saßen, flottmachen sollten.

»Der künstlerische Gestalter all dieser Feste, denen auch Sommer- und Herbstfeste mit literarischen Revuen, Schattenspielen, Farbbildern folgten, war Ernst Penzoldt in seiner ursprünglichen Eigenschaft als Maler und Bildhauer«, berichtet Ernst Heimeran.

IV.

»Die Frau in der Weltgeschichte« ist weit vor 1936 entstanden, nach einer Notiz Eugen Roths 1932, für das Faschingsfest der »Argonauten«, und wurde später für den Druck nur stellenweise überarbeitet.

Wahrscheinlich kam der Gedanke von Eugen Roth. Jedenfalls legte er Ernst Penzoldt Verse zum Thema »Die Frau in der Weltgeschichte« vor, die dieser »humor- und geistreich« fand und die ihn beflügelten, das Gedicht in eine Glasbildersprache umzusetzen. Es war nicht die erste Bilderfolge, die Ernst Penzoldt auf Glas gemalt hat: mit dem »Münchner Tiergarten« ist auch die Schachtel erhalten, in der ein Stuttgarter Lehrmittelverlag »Präparierte Gläser zur Selbstanfertigung von Kartenskizzen, Zeichnungen und dergleichen für den Projektionsapparat« lieferte.
    Ernst Penzoldt schrieb über seine (Fritz Flieges) erste Arbeit dieser Art: »Die Technik, etwa für farbige

Diapositive, hat Fritz Fliege niemand gelehrt. Und doch war in wenigen Tagen die Arbeit zu leisten, der Termin einzuhalten. Etwa vierzig Bilder in einer noch nie von ihm versuchten Malweise auf Glas.«

Das war wohl die Bildfolge des »Unbeweglichen Films« zum Sommerfest der »Argonauten« im Juni 1927, in der Vorankündigung als »letzte Neuheit, ein Triumph der Technik« gepriesen und jedenfalls die frühest zu datierende Arbeit Penzoldts in dieser Art. Ihr folgte der »Münchner Tiergarten« für das Faschingsfest 1928. Der Text wurde gleichzeitig in der »Gänsehaut« gedruckt und ist die Keimzelle des fast zwanzig Jahre später geschriebenen Buches »Eugen Roths Tierleben«.

Diese mit farbigen Eiweißlasuren und Tusche gemalten und bezeichneten Glasplatten stehen in der Ahnenreihe des heutigen Overhead-Projektors, wenn sie auch noch nicht erlaubten, während der Projektion Zeichnung und Schrift zu ergänzen und fortzuführen. Ernst Penzoldt hat dieses Lehrhilfsmittel für seine Zwecke umgemünzt, und diese Bildfolgen waren für gesellige Veranstaltungen der »Argonauten« bestimmt. Neben dem »Tiergarten« nimmt eine andere Glasbildfolge von Ernst Penzoldt Münchner Lokalereignisse heiter aufs Korn und einer der Punkte in der Programmfolge zu Hans Carossas 50. Geburtstag 1928, der mit einem Kerzenbankett gefeiert wurde, war eine Sondervorführung des »Unbeweglichen Films, einer Erfindung von Heimeran und Penzoldt« – also eine weitere dieser Glasbilderfolgen.

Die Illustrationen zur »Frau in der Weltgeschichte« sind ganz offensichtlich eine spätere Arbeit in dieser Technik, vielleicht sogar die letzte, und sie weiß mit allen Mitteln zu spielen. Kannten die früheren Glasplatten fast nur Umrißzeichnungen mit der Tuschfeder, die farbig gefüllt wurden, so ist bei der »Frau in der Weltgeschichte« die Platte oft von beiden Seiten her bearbeitet, manchmal in der Art alter Glasfenster: die Zeichnung auf der einen, die Schattierung und die Farben auf der anderen Seite – und einmal ist in die aufgetragene Schicht auch ein Sgraffito gekratzt, in dem Gefängnis von Josef, einer Wirklichkeit en miniature nachgebildet.

Der Zeichner macht erst gar nicht den Versuch, in dem kleinen Bildchen durch sorgfältige Vereinzelung der Ausführung einer projizierenden Vergrößerung entgegenzukommen, er beläßt es bei der nur Wichtiges festhaltenden, fast aus dem Augenblick gemachten Skizze.

Das Verknappte, das fast Hingeworfene dieser kleinen Zeichnung wird durch die Vergrößerung ins Brockenhafte komisch gesteigert, die gewohnte Ernsthaftigkeit eines Lichtbildvortrags durch den Bildinhalt unterlaufen. Und auch der Textautor wandelt den selbstgewählten Vorsatz »Lehrgedicht« heiter ab.

So ist es eine eigentümliche Mischung zweier zwar aus langer Tradition übernommener, aber nicht streng bedienter, sondern ironisierter Formen, die sich in Text und Bild überlagern.

V.

Die Diapositive zur »Frau in der Weltgeschichte« sind ungerahmte Glasplatten von 82 mm im Quadrat und haben mit dem heute üblichen Kleinbildformat nichts zu tun, das in eben diesen Jahren erst auf den Markt kam. Darüber hinaus gab es auch noch größere Formate für die Projektion.

Noch steckte das Kleinformat, für das die »Leica« entwickelt wurde, in den Kinderschuhen, und die ältere Projektionstechnik benötigte verhältnismäßig große Formate, weil die mangelnde Feinkörnigkeit auszugleichen war und weil es auch schwierig war, das für die Projektion nötige Licht durch den kleinen Ausschnitt des Diapositivs zu zwingen.

Die Geschichte des projizierten Bildes beginnt nicht erst mit der Fotografie, sondern mit eben dem Glastäfelchen, das durchsichtig bemalt wurde oder das geschwärzt wurde, um in diese Schicht zu schreiben und zu zeichnen. Vorgeführt wurden sie mit der laterna magica, bekannt seit der Mitte des 17. Jahrhunderts und nicht nur Kinderspielzeug, sondern Unterrichtsmittel wie Unterhaltung abendlicher Gesellschaften.

VI.

Es ist also eine technisch wie gesellschaftlich lang hergeleitete Geschichte, die mit diesen Glasbildern fortgeführt wird und auch der sie begleitende Text ist nicht ohne Vorgeschichte und Vorbilder. Zum einen ist er aus den heiteren Veranstaltungen der »Argonauten« geboren, die ihren Faschingsgesellschaften Themen gaben, die große Geschichte oder doch Epochen im Kleinen nachbilden sollten, wie die »Antike Gaudi«, das »Literarische Parodies« oder der »Literaturgeschichte in einer Nacht« – witzigen Anspielungen auch auf die »Schnellsieder-Literatur« und das Taschenbuch-Kompendium. Zum anderen und im allgemeineren ist es die Verserzählung und das Lehrgedicht, das in der Antike beginnt und bis zu Barock und Rokoko neue Impulse erfährt. Eugen Roth bekennt sich später in der Einleitung zu seinem »Tierleben« sehr genau zum Übernehmen dieser literarischen Form.

VII.

Im April 1933 wurden alle »politisch Unzuverlässi-
gen« aus den »Münchner Neuesten Nachrichten«
entlassen, darunter Eugen Roth, der damit unge-
wollt »freier Schriftsteller« wurde.

1935 verlegte der Alexander Duncker Verlag als
Roths erstes dort erscheinendes Buch das Bändchen
»Ein Mensch«. Die von anderen Verlagen vielfach
abgelehnten Gedichte gehen bis auf das Jahr 1930
zurück und erschienen zuerst ab 1933 teilweise im
»Simplicissimus«. Die Suche nach einem weiteren
Verlagsprojekt und der seinerzeite Anklang der
»Frau in der Weltgeschichte« legte nahe, das Roth-
Penzoldtsche Gemeinschaftsprodukt in Buchform
herauszubringen. Das war, wie eingangs gesagt,
1936. Die erste Auflage wurde mit den Wiedergaben
der Penzoldtschen Glasbilder illustriert, und von diesem farbigen Kupfertiefdruck wurden die Offsets für
spätere Auflagen genommen.

Für die hier vorliegende Neuausgabe wurde erstmals
wieder von den ursprünglichen Glasplatten reprodu-
ziert, die fast alle erhalten und erstaunlich frisch geblieben sind, auch wenn sie, durch keinen Rahmen
geschützt, stellenweise abgewetzt und verkratzt sind.
Nur für neun fehlende mußte es bei den alten Abbil-
dungen bleiben.

Die beschriebene Bearbeitung der Gläser von zwei Seiten hat übrigens dem Reprografen damals noch mehr Mühe bereitet als heute. Deshalb sind bei der ersten Reproduktion nur Schwarzauszüge der Glasbilder gemacht worden, die Farbauszüge wurden von Hand gefertigt, so daß es ein nicht mehr ganz originaler Penzoldt war, der da gedruckt wurde. Erst die nun vorliegende Ausgabe zeigt seine Bilder in völlig ursprünglicher Form.

Dieses Buch ist entstanden aus der Freundschaft zwischen Eugen Roth und Ernst Penzoldt. Ursprungsort waren das Heimeransche Verlagshaus und die Redaktion der »Münchner Neuesten Nachrichten«. So ist »Die Frau in der Weltgeschichte« auch ein Dokument Münchner Kulturgeschichte.